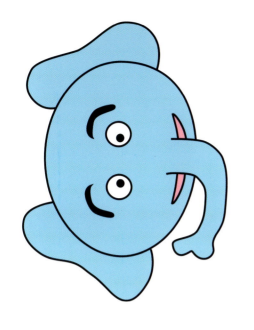
おさんぽ：おおきい

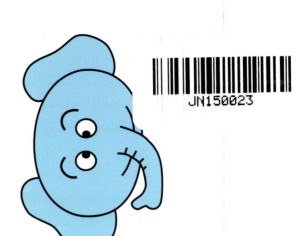
おさんぽ：ちゅうぐらい

おさんぽ：ちいさい

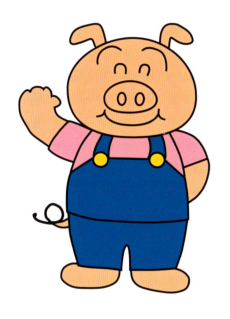
おきゃくさま：ぶた

おきゃくさま：うし

おきゃくさま：ぱんだ

おきゃくさま：かに

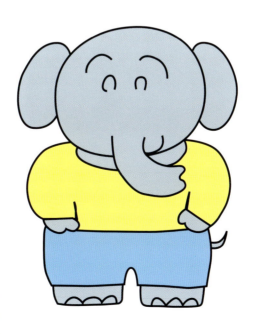
おきゃくさま：ぞう

おきゃくさま：うさぎ

おきゃくさま：かば

おきゃくさま：ことり

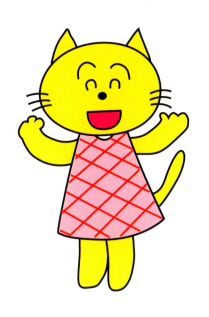
おきゃくさま：ねこ

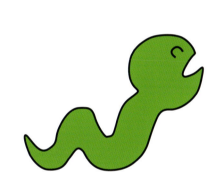
おきゃくさま：へび

おきゃくさま：らいおん

おきゃくさま：たぬき

おきゃくさま：いぬ

おきゃくさま：さる

おきゃくさま：かめ

おきゃくさま：ねずみ	おきゃくさま：くま	おきゃくさま：おばけ
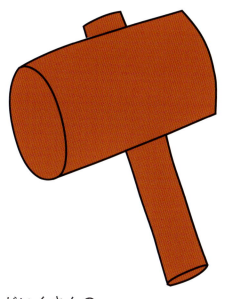	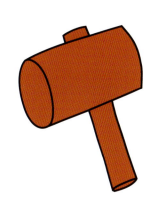	
だいくさんの　　かなづち：おおきい	だいくさんの　　かなづち：ちゅうくらい	だいくさんの　　かなづち：ちいさい

あひるのかぞく：おとうさん	あひるのかぞく：おかあさん	あひるのかぞく：あかちゃん

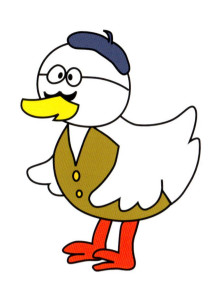
あひるのかぞく：おじいさん

あひるのかぞく：おばあさん

うさぎのおやこ：おとうさん

うさぎのおやこ：おかあさん

うさぎのおやこ：あかちゃん

うさぎのおやこ：おじいさん

うさぎのおやこ：おばあさん

みみの
ぼうけん：げんきなみみちゃん

みみのぼうけん：ぽちくん

みみのぼうけん：ぴーこちゃん

みみのぼうけん：けろきちくん

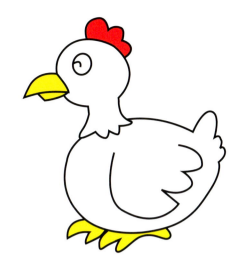
みみのぼうけん：こっこおばさん

みみのぼうけん：めーおじさん

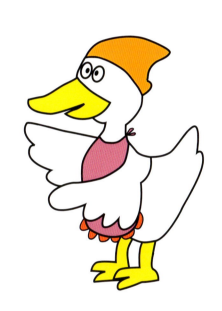
みみのぼうけん：がーおばさん

みみの
ぼうけん：くたびれたみみちゃん

やさい：にんじん

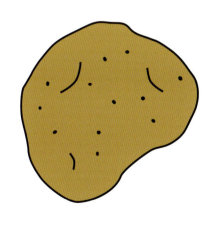
やさい：じゃがいも

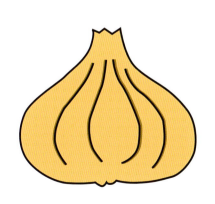
やさい：たまねぎ

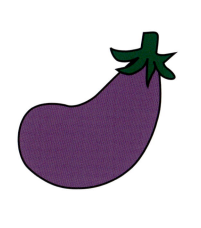		
やさい：なす	やさい：かぶ	やさい：かぼちゃ

やさい：だいこん	やさい：とまと	やさい：はくさい

やさい：ぴーまん	やさい：ほうれんそう	やさい：きゅうり

おふろ：だるまさん

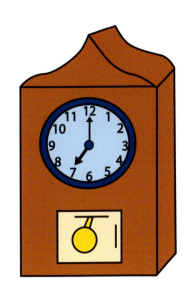
とけい：ふりこのとけい

とけい：めざましどけい

とけい：ちいさなとけい

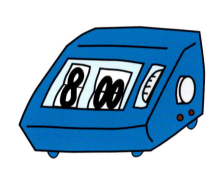
とけい：でじたるどけい

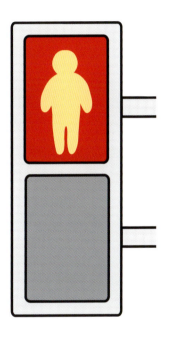
しんごう：あか

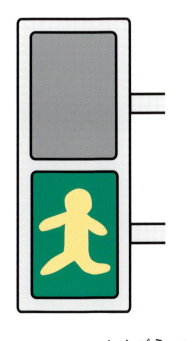
しんごう：あお

ごはん：ごはん

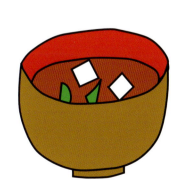
ごはん：みそしる

ごはん：ぱん	ごはん：おこさまランチ	ごはん：すぱげってぃ
ごはん：おにぎり	ごはん：かれーらいす	ごはん：さんどいっち
ごはん：ほっとどっぐ	ごはん：おすし	ごはん：はんばーぐ

ごはん：めだまやき

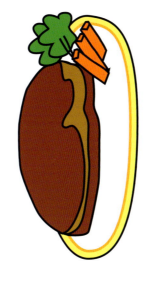
ごはん：ステーキ

ごはん：ぐらたん

ごはん：えびふらい

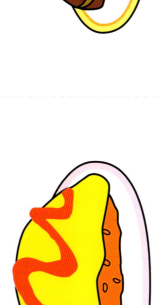
ごはん：おむらいす

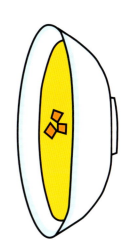
ごはん：すーぷ

ごはん：チャーハン

ごはん：らーめん

ごはん：さかな

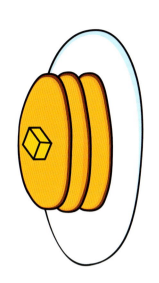
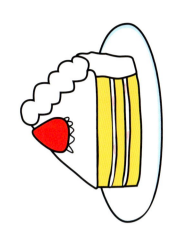

ごはん：はんばーがー　　ごはん：ほっとけーき　　ごはん：けーき

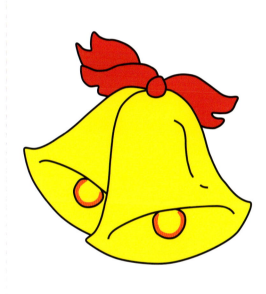

ごはん：そふとくりーむ　　ごはん：じゅーす　　りんりん：おおきなすず

りんりん：ちゅうくらいのすず　　りんりん：ちいさなすず　　ゆびのかぞく：おとうさん

ゆびのかぞく：おかあさん

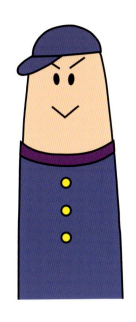
ゆびのかぞく：おにいさん

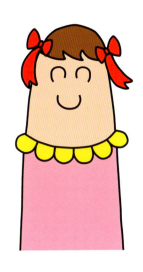
ゆびのかぞく：おねえさん

ゆびのかぞく：あかちゃん

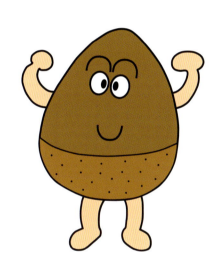
おてがみ：どんぐり

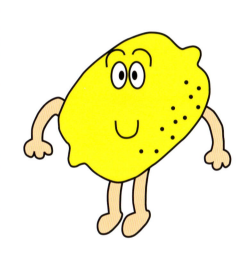
おてがみ：れもん

おてがみ：みかん

おてがみ：ふえ

おてがみ：そっくす

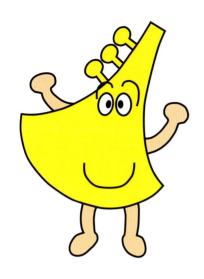
おてがみ：らっぱ

おてがみ：しゃつ

ふたりであるこう：おとな

ふたりであるこう：こども

でぱーとの
　えれべーたー：のぼり

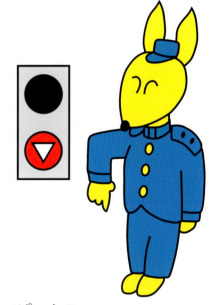
でぱーとの
　えれべーたー：くだり

ぴあのだいすき